Workaholiques Anonymes

Livre de la Sérénité
Méditations hebdomadaires pour le rétablissement

Workaholiques Anonymes

Livre de la Sérénité
Méditations hebdomadaires pour le rétablissement

Première édition
Approuvé par la Conférence 2018

Organisation des Services Mondiaux des Workaholiques Anonymes

Boîte postale 289, Menlo Park, Californie
94026-0289
États-Unis
www.workaholics-anonymous.org

Publication approuvée par la Conférence des Services
Mondiaux des WA
Titre original
Book of Serenity
Weekly Meditations for Recovery
Traduit, publié et distribué
Workaholics Anonymous World Service
Organization, Inc.

Copyright © 2018
Copyright © 2020 (édition française)
Workaholics Anonymous World Service
Organization
Box 289, Menlo Park, California 94026-0289
USA
www.workaholics-anonymous.org

ISBN 978-1-7325768-4-1
Avec la permission de Workaholics Anonymous
World Service Organization, Inc.
Tous droits réservés

Prière de la Sérénité

*Mon Dieu, donne-moi la sérénité d'accepter
les choses que je ne peux changer,
Le courage de changer les choses que je peux,
Et la sagesse d'en connaître la différence.*

Préface

Le Livre de la Sérénité a été créé pour soutenir le principe important de la prière et de la méditation à travers la Onzième Étape des Workaholiques Anonymes (« W.A. »). Une fois que l'inspiration nous est venue de compiler les méditations pour le livre, nous avons eu besoin d'un comité pour faire la tâche. À l'époque, W.A. devenait rapidement une fraternité internationale et il était important de créer un comité qui représentait les nombreux aspects de cette communauté mondiale autant que possible.

Parce que notre livre serait écrit par des workaholiques, nous savions que nous pourrions nous débattre avec l'ego, le perfectionnisme et l'impatience. Afin d'accomplir notre tâche, nous aurions besoin d'établir un lien avec notre Puissance supérieure et de créer des politiques et un processus qui soutiendraient la prise de nos décisions d'une manière juste et efficace. Notre rétablissement en tant qu'individus devait également être respecté. Nous devions nous rappeler que chacun de nous avait choisi d'être un prolongement pour la Puissance supérieure de la fraternité W.A. Pour soutenir cet objectif et nous protéger, nous et le processus de W.A., nous avons décidé d'exiger une décision unanime par le Comité plénier chaque fois que nous votions sur n'importe quel aspect du livre. Cela a évité qu'un seul membre soit chargé de l'organisation et a également permis aux membres du Comité d'être pleinement informés et capables de répondre aux questions de la fraternité. Nous avons tous travaillé dur pour être de bonnes ressources pour le *Livre de la Sérénité*.

Avec le Comité du Livre de Méditation en place, la question de savoir comment trouver des méditations est devenue notre objectif suivant. Notre *Livre de la Sérénité* devait être écrit par la fraternité W.A.. Nous avons demandé à la fraternité d'écrire des méditations pour le livre et plus de 250 méditations ont été soumises.

L'une des tâches les plus importantes que nous ayons eue était de respecter les thèmes qui sont ressortis à travers les méditations. Nous voulions faire évoluer ces thèmes à un niveau permettant de pouvoir aider toute la fraternité, de respecter les intentions des auteurs et de soutenir le livre pour que le texte soit fluide, mais clair, sensible et fort. Nous voulions que ce livre soit une ressource pour les membres vivant des difficultés, une force motrice pour le changement et un moyen plus facile de communiquer avec sa Puissance supérieure. Le livre pourrait permettre aux gens de se recueillir intérieurement pour ressentir leur Puissance supérieure et leur propre paix et sérénité.

Au cours des six années de lecture, d'édition et de choix des méditations, nous avons envisagé de nombreuses idées sur la façon de formater et de présenter chaque méditation. Nous avons également eu plusieurs idées pour formater et éditer le livre lui-même. Nous avons envisagé d'utiliser les Étapes comme structure ou d'utiliser les promesses comme guide. Nous avons posé des questions sur les préambules, les glossaires et les index et sur la façon d'utiliser les principes ou les attributs. Nous avons commencé à ressentir une plus grande énergie et sentir l'intuition devenir notre guide et nous montrer comment faire évoluer le livre. Nous avons réalisé que dans le *Livre du Rétablissement* et le *Livre de la Découverte*, nous avions déjà la structure de rétablissement et de guérison qui était nécessaire. Ce que nous voulions maintenant, c'était un livre de méditation qui permettait au lecteur de trouver sa propre ligne directrice vers la guérison. Il est devenu clair que trop de facteurs (Outils, Étapes, Traditions, etc.) gêneraient l'expérience en étant trop encadrée par le processus du programme et que le membre pouvait perdre son expérience personnelle de méditation.

Lorsque nous arrivons à la Onzième Étape dans notre programme, nous sommes à un endroit spécial. Nous avons pris les mesures nécessaires pour le rétablissement et effectué un travail important pour y arriver. La place de la prière spirituelle et de la méditation est l'endroit où nous pouvons pleinement nous ouvrir et écouter les conseils de notre Puissance supérieure.

En sentant que notre processus se terminait, nous avons réalisé que le *Livre de la Sérénité* nous avait montré comment il voulait évoluer, nous ouvrir et nous apaiser. En rétablissement, nous avions travaillé dur pour ne rien négliger. Et grâce à ce même rétablissement, nous avons appris à écouter la Puissance supérieure et à agir à partir de ce guide. La collaboration de la fraternité des Workaholiques Anonymes nous a donné le *Livre de la Sérénité*.

Nous remercions tous les membres de W.A. qui ont soumis leurs méditations au Comité de la littérature de l'Organisation des Services Mondiaux. Un grand merci au Sous-comité du livre de méditation pour avoir préparé avec tendresse ces méditations pour la publication. Veuillez continuer à soumettre des méditations pendant que nous préparons un livre de méditation enrichi qui comprendra 366 entrées : une pour chaque jour de l'année (y compris l'année bissextile). Des instructions sur le processus de soumission peuvent être trouvées sur www.workaholics-anonymous.org

Couverture : La belle couverture du *Livre de la Sérénité* a été créée à l'origine pour la couverture du premier livre de Workaholiques Anonymes. En 2004, les membres de la Conférence des Services Mondiaux ont suggéré que trois éléments soient incorporés dans la couverture : 1) Un symbole de mouvement lent (on avait demandé un escargot); 2) un symbole pour le temps ; 3) le concept d'espace. En voici le résultat ; 1) l'image globale d'une coquille de nautile (abritant l'escargot de mer); 2) le soleil, la lune et les étoiles (symboles du temps) incorporés dans le cercle central du nautile, les étoiles étant placées sur le cercle du soleil en position d'horloge analogique ; 3) l'espace représenté par le cercle central regardant vers les galaxies dans l'au-delà et les tourbillons de la coquille du nautile alors qu'ils se développent vers l'extérieur. Nous témoignons notre chaleureuse reconnaissance à l'artiste, membre de W.A.

Un énorme et sincère « Merci » est adressé à tous ceux qui ont participé à ce processus. Et sans la Puissance supérieure des Workaholiques Anonymes, ce *Livre de la Sérénité* n'aurait jamais vu le jour.

Avant-propos

L'une des ressources suggérées par le programme Workaholiques Anonymes est la méditation. La méditation nous offre des occasions de prendre des moments de calme pour être immobiles, de réfléchir à notre expérience et de nous rappeler les fondements de notre rétablissement. Les méditations de ce livre offrent une source de réflexions lorsque que vous prenez du temps pour y réfléchir. Elles sont basées sur les contributions des membres de W.A. de toute la fraternité. Puissent-ils vous conduire à une plus grande sérénité et à la raison.

Utilisations suggérées pour ce livre :
- Réflexion et journal intime
- Inspiration pendant les pauses quotidiennes pour prendre soin de soi
- Lecture à voix haute pendant les réunions de groupe

La citation sous le titre de chaque méditation est tirée de la littérature des Workaholiques Anonymes approuvée par la Conférence.

Méditations Hebdomadaires pour le Rétablissement

1
La douce voix de Dieu

Avant d'accepter de nouveaux engagements, je demande conseil à une Puissance supérieure.

Parmi la multitude de voix et de demandes entendues chaque jour, la douce voix de Dieu est comme un murmure. Pour l'entendre, j'ai besoin de m'arrêter, de sentir ma respiration et de retrouver mon calme.

Dieu connaît ma difficulté quotidienne à faire des choix. Dieu sait également à quel projet de travail je devrais m'atteler et lequel n'est pas pour moi. Dieu sait si c'est mieux pour moi de m'arrêter et de ne rien faire. Si j'écoute le murmure de Dieu et que je le laisse me guider, rien de mauvais ne peut m'arriver.

Je crée des moments de silence pour demander à Dieu si je suis sur la bonne voie.

2

L'ego ou la sérénité ?

Même quand on me propose ce qu'il y a de mieux, je dis non si j'ai besoin de repos.

J'apprécie tellement mon travail que, quand l'occasion se présente d'utiliser mes compétences, je m'emballe. Même si je n'ai pas d'espace dans mon emploi du temps, je peux me sentir attiré par un nouveau projet comme un toxicomane par la drogue. Je crois tout de suite être la personne idéale pour l'accomplir. Mon adrénaline et mon ego sont stimulés, mais bientôt ma sérénité chute.

Grâce au programme, je sais que je ne suis pas indispensable. Même si je suis la meilleure personne pour réaliser ce projet, ma tranquillité d'esprit nécessite parfois que je dise non. Je ne veux plus endurer le stress et la tension du surmenage. Si des sensations de stress apparaissent quand je pense à ce nouveau projet, je suis aux aguets. C'est peut être un signe de ma Puissance supérieure m'indiquant que dire non est la meilleure chose à faire pour moi-même et pour le projet.

Dire non peut être une façon de dire oui à ma santé mentale.

3

La Troisième Étape

Nous avons décidé de confier notre volonté et notre vie aux soins de Dieu, tel que nous Le concevions.

Lorsque j'ai lu la Troisième Étape, ma première réaction fut un immense soulagement : « Dieu prendra soin de moi. Je peux abandonner ma volonté déchaînée qui fonce constamment ici et là, à vouloir ceci ou cela, à en vouloir toujours plus. »

Puis les pensées suivantes se sont enchaînées : « Oh, mon Dieu ! Comment vais-je réussir à confier ma volonté et ma vie ? Comment puis-je m'en sortir ? »

Beaucoup plus tard, je me suis rendu compte que je ne devais rien faire d'autre que *prendre la décision*. Je peux simplement entrer en moi-même, faire le silence au plus profond de mon cœur, comme le silence contemplatif d'une chapelle, et *prendre la décision*. J'entends ma voix qui dit doucement mais fermement : « Oui, mon Dieu, je décide de confier ma volonté et ma vie à tes soins. » Il n'en faut pas plus.

Aujourd'hui, je prends cette décision.

4

Trouver le bon rythme

Nous nous reposons avant d'être fatigués.

La première fois que j'ai entendu ces mots sur l'outil de rétablissement du Repos, ils m'ont dérouté. Comment saurais-je d'avance que je serai fatigué ? Et si je me reposais presque tout le temps, au cas où je deviendrais fatigué ? Je ne saurais jamais si c'était nécessaire, ni à quel point je deviendrais fatigué. Et je ne méritais sûrement pas de me reposer tant que je n'aurais pas fini tout ce qu'il y a à faire.

Après avoir appliqué cet outil un certain temps, j'ai appris à être beaucoup plus à l'écoute de mon corps et de mon niveau d'énergie. Le rythme équilibré entre l'activité et le repos, suivi d'une alternance entre activité et repos, m'est devenu aussi naturel qu'inspirer et expirer.

Grâce à ma Puissance supérieure, je fonctionne à l'aide d'un outil que je ne pouvais comprendre par mon propre raisonnement.

Je suis reconnaissant des promesses qui se réalisent dans ma vie.

5

Une relation avec Dieu et avec moi-même.

Ma relation avec une Puissance supérieure m'a redonné la vie.

En très peu de temps, les principes et les outils de W.A. sont entrés dans ma vie et l'ont changée. Avec l'aide presque quotidienne d'un parrain, je commence à voir comment la dépendance au travail et aux activités me ferme à Dieu. Je laisse les autres me connaître. Je lis les publications de W.A. et j'assiste aux réunions. Je prie et je médite chaque jour. Comme résultat, je savoure maintenant le désir de ralentir, de respirer profondément et de profiter d'un rythme calme.

W.A. m'apprend à être bien dans ma peau. Établir une relation avec Dieu me permet de connaître mon véritable moi. Quel grand cadeau !

Je me connecte à moi-même et à ma Puissance supérieure chaque jour.

6

Raison et déraison

Nous sommes capables de changer nos pensées pour de plus saines.

J'ai une addiction. Cela signifie que je fais des choses qui ont un effet dommageable sur moi. Je m'illusionne à ce sujet et je continue de faire les mêmes choses encore et encore. Je souffre de ce comportement et j'ai tendance à en vouloir à Dieu et au monde entier. Mon attitude devient de l'ingratitude. C'est la déraison.

Le rétablissement a commencé quand je suis devenu de plus en plus honnête avec moi-même. J'ai reconnu la nature dommageable de ma dépendance et je l'ai admise. J'ai lâché prise et je m'en suis remis à Dieu. J'ai partagé mon expérience avec les autres et de nouvelles choses se sont produites dans ma vie. Cela me semblait un miracle. J'ai commencé à considérer les bonnes choses dans mon quotidien et ça m'a fait du bien. Mon attitude a changé pour de la gratitude. C'était la raison.

La gratitude est l'attitude de la raison.

7

La Onzième Étape

Nous constatons avoir besoin de la lumière et de l'amour issus de notre contact avec notre Puissance supérieure.

J'ai décidé que mon moment quotidien de prière et de méditation était le plus important de la journée. C'est la première chose que je fais le matin. Certains jours, j'ai moins de temps pour le faire, mais je suis reconnaissant de le faire néanmoins régulièrement. Certaines traditions religieuses recommandent d'offrir à Dieu les premiers fruits des biens matériels. Je veux aussi offrir à Dieu les premiers fruits de mon temps, passer du temps avec Lui est ma priorité le matin.

Le contact conscient avec Dieu est ma première priorité chaque jour.

8

Une drôle d'affirmation

Le temps est mon ami.

La première fois que j'ai entendu l'affirmation « Le temps est mon ami » à une réunion, j'ai éclaté de rire. Cette idée était tellement étrange et contraire à mon expérience qu'elle m'a parue ridicule.

Pourtant, le temps est mon ami. Qu'est-ce que ma vie, sinon ce temps qui m'est donné pendant les années que je passe sur la terre ? Affirmer cette vérité met un peu de distance et de doute entre moi et la maladie qui veut mener ma vie et tout gâcher.

Encore mieux, cette phrase me fait encore rire. Ma poitrine s'élargit. Mes épaules se détendent. Ma mâchoire se desserre. C'est la touche de vérité qui soulage de la lourde emprise de la maladie. Ma maladie n'a aucun sens de l'humour. Le rire me sort immédiatement du stress de la pensée obsessive et me pousse à me rétablir, ne fût-ce qu'un instant. Cet instant de rétablissement est en effet un très bon ami. Il m'invite à rejouer.

J'ai tout le temps nécessaire pour faire ce qui est de mon ressort.

9

Le service

Nous demandons de l'aide et tendons la main pour aider les autres.

C'est quand un membre de W.A. m'a montré comment écrire mon plan d'abstinence que mon rétablissement a commencé sérieusement. Ce service rendu par un autre membre de W.A. a jeté les bases sur lesquelles repose mon rétablissement.

Je gagne beaucoup maintenant à transmettre ce que j'ai appris à d'autres travailleurs compulsifs. Je revis, avec plus de gratitude et de joie, ce que je ressentais au début quand on m'a montré le programme.

Bien sûr, pour permettre à ma Puissance supérieure de me faire vivre ces expériences, je dois être présent et disponible, avoir une vie aérée. Je dois pouvoir donner l'exemple de mon propre rétablissement et de ma sérénité, ce qui me motive à rester proche de mon programme.

Puissance supérieure, je suis reconnaissant pour la Douzième Étape.

10

La franchise

Nous admettons aisément nos faiblesses et nos erreurs.

Avant, je croyais que le monde était un endroit mesquin et que ses habitants étaient encore plus mesquins envers moi.

Je projetais une image de compétence et de connaissance qui me servait d'armure, et j'utilisais la malhonnêteté pour cacher mes faiblesses. Je ne donnais jamais au monde la possibilité de me percevoir avec acceptation, affection et compassion.

Oui, il y a des gens qui jugent les autres pour éviter de voir leurs propres fautes. Je pense que presque tous les humains le font. Pourtant, je reconnais maintenant que la plupart du temps, les gens sont beaucoup plus aimants et capables d'acceptation que je ne le croyais auparavant.

Admettre mes faiblesses et mes erreurs me permet de faire l'expérience d'être aimé pour qui je suis.

11

Briser les illusions

Il y aura assez de temps, d'amour et d'argent.

Je découvre que, qui je suis suffit. Je suis un tout. Je fais partie de quelque chose de beaucoup plus grand qui est rempli d'amour.

J'ai passé tant d'années à essayer d'être parfait, prisonnier de l'illusion de ce que je devais être dans le monde pour être acceptable, en sécurité et en paix. J'ai tellement lutté et peiné en pourchassant cette illusion, dans la performance et la réussite à tout prix. Puis, un jour, l'illusion s'est effondrée et je me suis senti perdu. Je me suis demandé : « Qui suis-je sans mes diplômes, mon pouvoir et mon sentiment d'appartenance à une organisation ? Qui suis-je, et comment puis-je servir le monde ? »

Ma Puissance supérieure m'a rassuré : « Tu es une partie de moi, nous sommes un tout. Tu es amour. Ensemble, nous pouvons rétablir l'équilibre. Tu auras tout ce dont tu as besoin. »

Je ne suis pas mon travail.

12

Lâcher prise et s'en remettre à Dieu

Pour laisser notre Puissance supérieure nous guider, il faut abandonner le contrôle.

J'adore marcher dans les labyrinthes. Parfois, je m'arrête pour prier à chaque détour. Parfois, je regarde simplement autour de moi. L'une des choses que je préfère est de regarder mes pas sans prêter attention à l'endroit où je me trouve, ni à la direction où je vais.

Il s'agit pour moi d'un grand changement. Dans le passé, je voulais toujours savoir où j'étais et m'assurer d'être en sécurité et de maîtriser la situation. Dans un labyrinthe, souvent, plus on semble près du centre, plus on en est loin. Et quand la sortie semble très loin, on en est plus près qu'on ne le pense. C'est comme la vie. J'ai tracé mon chemin, je me suis senti perdu, j'ai hésité, j'ai fait demi-tour, j'ai essayé de revenir et alors je me suis trouvé exactement là où je devais être.

Je fais les Étapes et j'ai confiance que ma Puissance supérieure me mènera là où je dois aller.

13

Les appels dans le programme

Nous communiquons avec d'autres membres entre les réunions pour rester en contact.

Lorsque je suis arrivé chez W.A., mon téléphone pesait 100 kilos dans mon esprit. J'avais beaucoup de mal à le prendre. Je ne voulais pas déranger mes amis travailleurs compulsifs, je savais qu'ils étaient occupés. De plus, je ne pensais pas que mes problèmes vaillent la peine de déranger une autre personne.

Au fil du temps, des amis de W.A. ont commencé à m'appeler. J'ai appris qu'un appel dans le programme est un cadeau autant pour la personne qui le reçoit que pour celle qui téléphone. Que je passe un coup de fil ou que je le reçoive, la conversation aide toujours mon rétablissement.

Aujourd'hui, je sais que l'aide est au bout du fil.

14

Vivre comme un chat

Lâcher prise et suivre le courant.

Quand mon chat a besoin de repos, il se repose. Il ne passe pas une heure à mettre de l'ordre ou à travailler un peu plus pour "mériter" sa sieste. Quand mon chat a envie de jouer, il accueille son chaton intérieur et s'en donne à cœur joie, indifférent au fait de se faire traiter de stupide ou de paresseux. Il prend soin de lui sans hésiter, ne s'arrêtant jamais pour regarder sa liste de tâches. Mon chat est présent à chaque instant de sa vie ; il ne perd pas des heures à planifier minutieusement l'avenir ou à analyser le passé.

Mon chat est heureux, joyeux et libre.

Je ne suis pas un chat. Je suis un être humain avec des responsabilités et des sentiments complexes - et une véritable addiction. Mais grâce à ma volonté de m'en remettre à une Puissance supérieure et de travailler les Douze Étapes de W.A., doucement et avec amour, j'apprends à prendre soin de moi-même comme mon chat prend soin de lui.

Le rétablissement du travail compulsif m'offre la chance d'une nouvelle vie chaque jour.

15

L'acceptation avec amour

Je n'essaie pas de grandir, je m'accepte comme je suis et je grandis automatiquement.

Encore et toujours, je me retrouve en situation de travail compulsif. Évidemment, puisque je suis dépendant au travail ! Mais souvent, je ne veux pas l'admettre. J'ai aussi l'illusion que le programme me rétablira du jour au lendemain. Je me condamne pour mon "échec". Je veux que mon rétablissement soit parfait.

Mon parrain m'a dit que la sobriété de la dépendance au travail peut être conçue comme la capacité de me voir quand j'agis de façon compulsive, et alors de m'arrêter.

Pour aujourd'hui seulement, je veux me traiter avec amour. Quand mon enfant intérieur trébuche et tombe, je réconforterai cette partie innocente de moi-même et je l'encouragerai à se relever et à poursuivre son apprentissage.

Tomber n'est pas un échec si je me relève.

16

La précipitation

Espacer les activités pour éviter de me disperser

Parfois, je souhaite tellement pouvoir tout finir que j'oublie de ralentir le rythme ou d'être réaliste quant au temps que prend chaque tâche. Le plus souvent, cette précipitation naît de la fatigue et de la frustration. Quand je suis épuisé, j'ai tendance à me sentir pressé.

Chez les W.A. j'apprends à m'occuper de moi en premier. Je peux m'asseoir un instant ou respirer profondément. Si ces simples gestes semblent impossibles, j'essaie d'être doux avec moi-même et prudent avant d'ajouter quoi que ce soit à mon emploi du temps déjà surchargé.

Lorsque je réserve du temps pour me détendre, je commence par prier pour avoir la patience et la volonté de laisser ce temps disponible et de prendre soin de moi.

Aujourd'hui seulement, je vais réserver du temps pour me détendre, respirer et relaxer mon corps.

17

Les dessous de la sérénité

Nous essayons de vivre chaque moment dans la sérénité, la joie et la gratitude.

Un soir, alors que je promenais mon chien, que je me sentais mal aimé par ma femme, pas à la hauteur et que je m'apitoyais sur mon sort, une idée m'a frappé. Peut-être la sérénité n'est-elle pas quelque chose à atteindre mais est-elle déjà là. Les eaux boueuses de ma vie sont peut-être ma propre création, alors que sous tout ce tourbillonnement se trouve le lit de rivière de la sérénité, immuable et immobile.

J'ai pris conscience que j'avais peur de lâcher l'excitation, la maîtrise et le statut de victime/star, d'être simplement quelqu'un avec d'innombrables bénédictions en train de promener un chien. Je craignais qu'en dessous de tout cela, il n'y ait *rien*. J'ai décidé de transcender ces peurs et de croire que seule la paix profonde de la sérénité m'attendait. J'ai tenté le coup : j'ai choisi de calmer les eaux troubles. Et c'était là. Seulement pour quelques minutes, mais c'était puissant et vrai. J'ai senti la possibilité d'une nouvelle vie.

Je m'abandonne à ma Puissance supérieure, me laissant glisser vers la sérénité.

18

Se la couler douce

Plus je vais lentement, plus je progresse vite.

La première fois que j'ai entendu l'expression « laisser couler », à une réunion des W.A, je n'ai pu m'empêcher de rire. Pour le plaisir, j'ai ajouté le mot « doucement » et je me suis attaché à l'expression "Se la couler douce" !

Puis j'ai aperçu une très grosse et très lourde tortue de jardin en béton dans un grand magasin. Cette tortue a parlé à mon cœur : "Ramène-moi à la maison !" Je l'ai achetée et apportée à la maison avec beaucoup d'aide. Son nom est "Coulée douce". Pour moi, elle symbolise douceur, tranquillité et connexion à une Puissance supérieure. Sa tête est orientée vers le haut et ses pieds sont immobiles, me rappelant d'être calme et immobile et de demander conseil à ma Puissance supérieure.

Je prends mon temps et je passe du bon temps en le faisant.

19

L'anonymat

L'anonymat est le fondement spirituel de toutes nos traditions.

Peu de temps après avoir trouvé W.A., je me suis rendu compte que mon besoin de reconnaissance était une motivation majeure de ma compulsion au travail. Depuis mon enfance je me sentais invisible. Pour être vu, j'ai travaillé extrêmement fort à l'école et dans mon emploi. L'anonymat dans le programme était un défi pour moi. Je me suis demandé : « Comment les gens connaîtront-ils ma valeur si je reste anonyme ? » Au fil du temps, j'ai pris conscience que le groupe m'acceptait, m'appréciait et me soutenait déjà. L'anonymat m'a permis de me débarrasser des étiquettes et de me retrouver. Ce fut le début de la véritable sobriété.

La transformation profonde qui consiste à m'accepter comme étant *juste moi* plutôt que comme le patron, le soignant ou le parent de quelqu'un, s'est étendue à d'autres aspects de ma vie. Je n'étais plus intéressé au « réseautage », mais très intéressé à me connecter aux autres. Je suis devenu beaucoup plus amical, chaleureux et tolérant envers ma famille, mes amis et mes collègues.

Aujourd'hui, je vais prendre le risque de rencontrer les autres en tant qu'être humain, non avec mes titres ou mes réalisations comme carte de visite.

20

Le soleil levant

Une volonté de fer nous a conduits à de longues journées de travail et à des nuits blanches.

Chaque matin, le soleil se lève. Je ne remarquais jamais le lever du soleil quand j'étais plongé dans ma dépendance au travail. Il me semblait banal, acquis, comme quelque chose que l'univers me devait. Il ne me servait que de repère temporel dans mes heures de travail. J'étais tout-puissant. Je pouvais ignorer les lois de la nature, y compris les lois de mon corps. Tout ce qui comptait était d'abattre le travail et de le faire parfaitement. Les fibres mêmes de mon être réclamaient le prestige et la satisfaction découlant de mon travail, que je faisais à toute heure du jour et de la nuit. J'étais malade. Très malade.

Finalement, j'ai consenti à confier ma volonté et ma vie aux soins d'une Puissance supérieure, dont l'amour pour moi est sans limites. Maintenant, je me lève avec le soleil et quand il fait nuit, je dors paisiblement. J'en serai éternellement reconnaissant.

Je me lève chaque jour pour briller au service de ma Puissance supérieure.

21

Bien fait

Assez bien, c'est déjà bien.

La première fois que j'ai entendu le slogan « Assez bien, c'est bien », j'ai eu un mouvement de recul. Comment *assez bien* pourrait être bien ? Ce n'était pas un A +, ni même un A. Je me suis rappelé que mon père n'était jamais content de tous mes A, et un B n'était pas *assez bien*. Sa façon de penser s'est imprégnée en moi.

Mais quand j'ai assimilé le slogan, quelque chose en moi s'est détendu. Assez bien, c'est bien. La pression se dissipe. Je ne dois pas être parfait, ni le meilleur orateur ou le meilleur organisateur. Je ne suis pas obligé de me dépenser à fond dans mes tâches. Je peux faire du bon travail aujourd'hui sans adrénaline et avoir assez d'énergie pour être ensuite présent au reste de ma vie. Même si je ne l'ai jamais entendu de mon père, je peux me dire « bien fait » pour un travail assez bien fait.

Je suis reconnaissant pour les slogans du programme qui me rappellent comment me rétablir.

22

La concentration

Être ici et maintenant.

Un des cadeaux de W.A. est d'apprendre à me concentrer. Effectuer une tâche à la fois, prier pour être capable de me concentrer, utiliser un plan d'action quotidien et alléger mon agenda sont tous des outils utiles.

Mon esprit trop encombré peut me faire perdre ma concentration et rater des moments de pleine présence. Si j'accorde toute mon attention à cet instant, je pourrai peut-être remarquer les sensations d'une brise matinale ou les sons venant de la fenêtre. Je pourrai entendre le bruissement du papier, le roulement d'un chariot ou une chanson à la radio.

La Onzième Étape me rappelle que ma vie a un but spirituel qui se manifeste à cet instant. Les conseils pour me rapprocher de ce but surgissent quand je me concentre sur le présent et que je deviens assez calme pour entendre. Je peux même découvrir qu'il est temps de me reposer. Le cas échéant, je m'accorde ce repos, trouvant mon énergie et mon attention renouvelées lorsque je reprends mon travail.

Chaque moment est un cadeau de ma Puissance supérieure.

23

La méditation

Nous avons cherché, par la prière et la méditation, à améliorer notre contact conscient avec Dieu tel que nous Le concevions.

Après une journée remplie à être tendu et à me sentir dans l'urgence, la méditation peut sembler impossible. Comment puis-je méditer avec l'esprit en ébullition ?

Je m'assieds quand même et j'ouvre mon esprit. Alors que je deviens conscient du moment présent et sensible à ma Puissance supérieure, je n'ai besoin de rien d'autre. Ma seule conscience de la Puissance supérieure suffit à m'apporter la paix.

Ma respiration ralentit. Les points de tensions se résorbent dans le paysage plus vaste de mon existence. Ma présence dans le monde acquiert une profondeur et un rayonnement qu'elle n'avait pas auparavant.

N'importe quel moment est bon pour méditer.

24

Affirmations pour les travailleurs compulsifs

Ma Puissance supérieure veut que je réalise ma vision d'un travail agréable et d'une vie équilibrée.

Les jours où je me sens stressé, mis à l'épreuve ou en panne d'inspiration, je fais une prière rapide pour demander une affirmation pour la journée. En parcourant la liste des affirmations du Livre du Rétablissement, je me laisse guider vers un endroit de la page où je sens le « déclic » de l'intuition. J'ai alors une affirmation pour la journée qui répond à mon besoin de soutien et d'encouragement !

J'écris cette affirmation et je la garde à proximité, l'utilisant tout au long de la journée pour inspirer mes pensées et mes actions. Cela m'aide à me sentir plus paisible et accueilli, à prendre de meilleures décisions et à rester sur la voie du rétablissement. Mon stress diminue et ma vie est plus satisfaisante.

J'ai confiance que ma Puissance supérieure me donne ce dont j'ai besoin au bon moment.

25

Le temps

Il y avait un manque de lucidité face au temps.

Avant W.A., je disais qu'il me fallait trente-six heures par jour et douze jours par semaine pour faire tout ce que je devais et voulais faire. Il n'y avait jamais, jamais assez de temps.

Les publications des Workaholiques Anonymes me disaient que je pouvais devenir « ami avec le temps ». Je ne savais pas ce que cela voulait dire. Je trouvais cela déconcertant au début.

Aujourd'hui, comme j'utilise les principes et les outils de W.A., je pense rarement au temps en termes d'ami ou d'ennemi. L'horloge n'est ni mon maître ni mon esclave. Le temps n'est qu'un produit de l'expérience humaine.

Workaholiques Anonymes m'enseigne qu'il y a assez de temps, d'argent et d'amour, et que tout peut attendre sauf l'amour. Après tout, je deviens peut-être un ami du temps.

La santé mentale est de faire seulement ce que j'ai le temps de faire avec sérénité.

26

Un inventaire sans crainte

Nous avons procédé sans crainte à un inventaire moral, approfondi de nous-mêmes.

Que signifie faire mon inventaire sans crainte ?

Est-ce que, après avoir fait les Étapes 1, 2 et 3, je ne ressens aucune peur, en particulier devant l'Étape 4 ?

Ce peut être le cas pour certains. Pour d'autres, l'idée de dresser l'inventaire de nos défauts peut être une source d'inquiétude. Même si j'éprouve un certain degré de peur, je n'ai pas à la laisser affecter mon inventaire. Je peux toujours regarder la vérité en face sans ciller, et la consigner noir sur blanc.

Comme quand j'étais petit et que je vérifiais s'il y avait des monstres sous le lit, je m'apercevrai peut-être qu'il n'y a rien à craindre, après tout.

J'accueille ma peur comme un signe de ma volonté de progresser.

27

Exercer ma foi

Nous avons commencé à nous rétablir en éliminant progressivement nos pensées et nos habitudes déraisonnables avec l'aide d'une Puissance supérieure.

Quand je suis obsédé par une personne ou une situation difficile, ce dont j'ai souvent besoin est de renforcer ma foi. À ce moment-là, faire la Troisième Étape peut m'aider à lâcher prise et à m'en remettre à ma Puissance supérieure. Si dire une prière ne me soulage pas, je l'écris pour chercher l'aide spirituelle dont j'ai besoin.

D'abord, je note ce qui me trouble. Ensuite, j'écris : « Je décide de confier cela à ma Puissance supérieure, qui… », et j'ajoute quelques réflexions sur la façon dont ma Puissance supérieure m'a aidé dans le passé et comment je La conçois présentement.

Après avoir lâché prise sur mon inquiétude, je décris brièvement ce que je ressens et ce que je pense maintenant, comparé à cette obsession que j'avais. Abandonner mon problème à ma Puissance supérieure exerce le muscle de ma foi, et je peux voir les résultats de ce raffermissement tout de suite et à long terme.

À tout moment, je peux décider de confier ma volonté et ma vie à ma Puissance supérieure.

28

L'intégrité

Je suis plus efficace quand je suis plus sélectif.

Avant, je croyais que le seul moyen de gagner le respect de mes supérieurs était de les défier. Cela m'a conduit à des actes d'auto-sabotage et à une série d'années sabbatiques. J'étais très occupé mais j'avais rarement un emploi.

Maintenant, ma Puissance supérieure me guide vers un comportement acceptable et une conscience de mes besoins. Je suis capable d'agir avec intégrité, même quand je dis non.

Un vendredi, mon employeur m'a demandé de travailler le week-end. Au lieu d'inventer des excuses ou d'exiger qu'on triple mon salaire, j'ai consulté ma Puissance supérieure, fixé une limite temporelle et laissé le travail attendre jusqu'au lundi. J'ai passé un week-end où je me suis détendu, j'ai pris soin de moi, fait de l'exercice et socialisé. Le lundi, ma Puissance supérieure m'a fourni la force d'abattre le travail qui m'attendait toujours. Cela n'est pas surprenant puisque le travail et le week-end se sont tous les deux déroulés selon Son *P*lan *S*tructuré.

Aujourd'hui, je fais des choix respectueux de moi-même et des autres.

29

Le progrès

***Je suis doux dans mes efforts, sachant
que mon nouveau mode de vie requiert
beaucoup de pratique.***

Parfois, j'apprécie vraiment les fruits de mon rétablissement par rapport au travail compulsif : vivre dans le moment présent, aborder la vie avec grâce et humilité, me sentir chaleureusement connecté à ma Puissance supérieure et aux autres. Pourtant, quelques semaines plus tard, je me trouve de nouveau agité, inquiet et submergé.

Je pourrais me demander si j'ai fait le moindre progrès !

Quand je vais à la mer pour observer la marée monter, je vois les vagues déferler sur la plage, puis se retirer. En étant patient un certain temps, je peux voir que, pendant le rythme du flux et du reflux, la marée s'est imperceptiblement mais sûrement avancée sur le rivage.

Quand je me concentre sur le rétablissement dans le flux et le reflux de la vie, je m'approche de la sérénité.

30

La relaxation

Quand nous sentons une surdose d'énergie, nous nous arrêtons et reprenons contact avec une Puissance supérieure.

Aujourd'hui, je veux passer du temps à me détendre et profiter du silence avec ma Puissance supérieure. Je veux calmer mes pensées insensées et permettre à la paix et à la joie d'irriguer mon esprit et mon corps. J'inspire profondément et j'expire tout le stress, l'anxiété, le contrôle et les « il faut » qui submergent mon esprit. Aujourd'hui, Je peux mettre toutes ces pensées tendues de côté pendant un moment, puis retourner m'occuper avec sérénité des tâches que j'ai choisies. Je sais que le rétablissement se produit dans un esprit tranquille.

Quand je me concentre sur mon anxiété et ma peur, ma vie devient tumultueuse et épuisante.

Quand je laisse place à l'harmonie et à la paix, je peux relaxer.

Avec un esprit détendu, je laisse entrer l'amour et la joie dans ma vie, et l'ordre divin se rétablit.

31

La patience

Plus je vais lentement, plus je grandis vite.

Dans ma dépendance au travail, je suis souvent impatient, stressé, irrité et angoissé. J'ai du mal à laisser les événements se dérouler selon un rythme naturel. Je suis irrité quand les autres ne travaillent pas à mon rythme ou de la façon dont je veux que les choses se fassent. Plus je me sens inquiet, plus je deviens irritable. Je commence à perdre le contrôle et je finis par être complètement dépassé. Ce n'est jamais bon pour mon esprit, mon corps ou mon âme. Habituellement, la tâche que j'essaie d'accomplir en souffre également.

Aujourd'hui, je vais commencer à cultiver la patience. Je sais que tout se déroule selon l'ordre et l'heure de Dieu. Mon rôle consiste à l'accueillir. Je vais tâcher de taire les voix de mon esprit qui me disent que je dois tout faire en même temps, faire les choses plus vite ou en faire plus que prévu.

Je cultive la patience et je permets aux solutions de venir naturellement.

32

S'arrêter

Être ici et maintenant.

Je me réveille le matin et je passe mentalement en revue ma liste quotidienne de choses à faire. Il y a tant de choses importantes que je ne peux rater ! Je suis en retard. Je suis en retard et fatigué. Hier soir, j'ai dû terminer ce travail inéluctable. Je n'ai pas eu beaucoup de temps pour dormir.

Bon…

J'arrête. J'arrête l'agitation. J'arrête la liste de tâches.

Je me lève et j'ouvre la fenêtre de ma chambre. Je regarde dehors et je salue le nouveau jour que l'Univers me donne. Je remercie l'Univers.

Je souris. Je respire. Je vis. Je suis libre.

Quand je commence en m'arrêtant, je peux faire des choix sains pour ma journée.

33

La Douzième Étape

Nous avons alors essayé de transmettre ce message à d'autres travailleurs compulsifs et de mettre en pratique ces principes dans tous les domaines de notre vie.

Comment puis-je transmettre le message du rétablissement ? Je le fais en parrainant, en partageant lors des réunions, en communiquant avec les médias et les groupes de professionnels, et par le service dans notre fraternité W.A.

Je transmets aussi le message de façons inattendues. Peut-être qu'un ami, hésitant entre l'espoir et le désespoir, me demande s'il est vrai qu'il existe un programme de rétablissement pour les gens qui travaillent trop. Peut-être qu'un membre de ma famille touche enfin le fond face à un comportement compulsif et demande de l'aide.

Dans ces moments, il est essentiel de mettre en pratique les principes du rétablissement dans tous les domaines de ma vie. Je peux parler aux gens des outils, des Étapes et des réunions autant que je le veux, mais si je suis agité et stressé, mes propos sonneront faux. C'est mon comportement constant qui témoigne des bienfaits du rétablissement.

En passant ma journée dans la sérénité et la pleine conscience, je transmets peut-être le message à quelqu'un qui souffre encore.

34

Se comparer

Je suis parfait comme je suis.

S'il y a une chose qui stimule ma compulsion au travail, c'est de me comparer : ce collègue travaille plus d'heures que moi, cette personne fait plus de service, une autre en accomplit davantage. Je me sens de moindre valeur et je travaille très fort pour essayer de les égaler.

Comparer des qualités personnelles diminue également ma joie. J'envie le collègue qui communique avec aisance ou l'ami qui aime être entouré.

Essayer d'égaler les aptitudes des autres revient à essayer de porter leurs chaussures. C'est inconfortable et je n'irai pas très loin.

Je me sens plus à l'aise et je travaille moins compulsivement quand j'examine et que j'honore mes propres forces et limites. Quel schéma de travail et de repos me permet de réaliser le mieux mon travail ? Quelle forme de service permet à ma Puissance supérieure de s'exprimer pleinement à travers moi ? Quelle forme d'interaction sociale me fait sentir plus vivant et connecté ?

Puissance supérieure, aide-moi à prendre soin de ta précieuse création – que je suis – et à la nourrir.

35

Le plan d'action

Nous écrivons ce que nous avons l'intention de faire chaque jour.

Mon plan quotidien est un outil pour l'honnêteté et le rétablissement. Je le complète durant mon temps de prière. Dieu m'a donné cette journée et je veux m'engager à bien l'employer.

Quelle différence avec les listes tyranniques de tâches que je dressais continuellement au cœur de ma maladie ! Elles contenaient beaucoup trop de tâches pour une journée et très peu d'éléments étaient prévus pour le plaisir.

Maintenant, je privilégie les relations – avec Dieu, les autres et moi-même – et la transmission du message des Douze Étapes, pour avoir une vie saine et ordonnée, être autonome financièrement et avoir du plaisir.

Partager mon plan d'action avec une autre personne m'aide à être plus réaliste et honnête avec moi-même.

Aujourd'hui je crée mon plan d'action en priant Dieu pour une vie aérée et équilibrée.

36

L'acceptation

Nous apprenons à vouloir ce que nous avons plutôt que de chercher à avoir ce que nous voulons.

Il m'est impossible de contrôler le monde qui m'entoure, même si je le souhaite. En revanche, le bonheur se présente quand je lâche prise et que je vis la vie telle qu'elle est, harmonieusement.

Ma Puissance supérieure en sait plus que moi et je m'aperçois que ma véritable sérénité vient de l'acceptation de tout ce qui est autour de moi et en moi, y compris mes défauts. Quand j'arrête d'essayer de forcer les choses, de meilleures choses se produisent.

J'ai plus d'énergie quand j'accepte ce qui est.

37

Apprendre à jouer

Plus je joue, plus ma Puissance supérieure travaille.

Une fois, j'ai participé à une journée de jeu pour adultes. L'une des activités consistait à faire équipe avec une autre personne et à passer une demi-heure à jouer à « faire semblant ». Mon partenaire était à l'aise dans ce jeu et nous nous sommes vite plongés dans un merveilleux rêve d'enfant. Ma réaction était si forte, l'expérience si intense, que je tremblais littéralement. Je me suis demandé si j'avais déjà éprouvé une joie aussi pure.

Des années plus tard, j'ai reconnu que j'avais une dépendance au travail. Le travail était mon évasion car je ne savais pas jouer et me divertir. Maintenant, après un an de rétablissement, je profite pleinement de brefs moments qui ressemblent au jeu. Je suis persuadé qu'en continuant à me rétablir, j'augmenterai ma capacité à m'ouvrir au pouvoir de guérison qu'offrent le plaisir et le jeu.

Je planifie de jouer et de d'avoir du plaisir chaque jour.

38

Parler lentement

Plus je vais lentement, plus je grandis vite.

Parler rapidement est un signe évident de ma dépendance au travail. Je sais qu'alors, mon adrénaline bat son plein. Je ne parle pas vraiment pour communiquer avec quelqu'un mais pour m'assurer d'être entendu. Je crains que les autres cessent d'écouter si je ralentis.

Parler lentement est devenu un de mes principes de base. Mon élocution devient alors une expérience de relation consciente avec les interlocuteurs plutôt qu'une course folle pour tout dire.

Parler lentement m'amène également à ralentir ma respiration et mon rythme cardiaque, ce qui me détend.

Je parle calmement, sans me presser.

39

Passer du bon temps

Savourer le processus devient notre critère.

Travailler fort était mon insigne d'honneur. J'aimais impressionner les gens par les efforts que je fournissais en accomplissant les choses. Si le délai était court – ou, mieux encore, « impossible » – je m'engageais dans le projet avec zèle. Les éloges étaient souvent ma récompense et je jouissais du sentiment de mon importance, gonflé par mon exigence démesurée envers moi-même pour atteindre mes objectifs.

Maintenant, quand on me demande de faire l'impossible, je dis non. De plus, quand je commence à me sentir stressé en travaillant, je m'arrête, je prends une respiration et je me demande : "Comment puis-je avoir du plaisir tout en travaillant ?". Habituellement, j'esquisse un sourire et je commence à chanter ou à danser pour alléger mon attitude ; j'arrête la pression et je laisse place au jeu.

Je cherche à m'amuser tout en accomplissant les choses.

40

Agir aisément

Moins je lutte, plus je m'ouvre à l'inspiration.

Dans la maladie, j'ai imposé des solutions et infligé ma volonté aux autres. Cette approche exigeante de la vie ne récoltait que haine, résistance et représailles. Les résultats que j'essayais d'atteindre se concrétisaient rarement.

En rétablissement, j'essaie de travailler avec aisance et légèreté. Je laisse les autres faire leurs choses et en assumer les conséquences positives ou négatives. Je confie les personnes, les lieux, les institutions et le processus à Dieu, et j'essaie de ne pas avoir d'attentes. Je me rappelle, « agir aisément ».

Je fais ce que Dieu me dit.

41

Le courage de dire non

Donne-moi le courage de changer les choses que je peux changer.

Ma dépendance au travail et ma volonté de tout faire ont été renforcées par la codépendance. Je croyais que l'acceptation par les autres et ma propre valeur reposaient sur le fait de dire oui à chaque demande, même si j'étais déjà débordé.

Dans le rétablissement, la Prière de la Sérénité s'est infiltrée par les fissures de la façade de ma fébrilité, et vivre le programme a allumé chez moi une étincelle de courage. J'ai commencé à prendre mon temps avant de répondre, en disant : « Laissez-moi y réfléchir et je vous recontacterai. ». Le lendemain matin, je connaissais généralement la réponse appropriée. Ensuite, je devais transmettre mon *non* à la personne en une seule phrase, telle que

: « Je suis très occupé présentement. » ou « Cela ne me convient pas. »

Dire non a été difficile les premières fois, mais cette étincelle de courage s'est transformée en une confiance résiliente par mon engagement à respecter un équilibre sain entre dire oui et dire non.

Dire non est un cadeau que je fais aux autres à partir de mon moi en rétablissement.

42

Un jour à la fois

Nous bénéficions seulement d'un sursis quotidien.

Avec ma compulsion au travail, mon horizon temporel n'était jamais de vingt-quatre heures. Je planifiais pour cinq ou dix ans. Me projeter aussi loin dans le futur me permettait d'échapper à la responsabilité quotidienne d'avoir un bon sommeil, une bonne alimentation, de l'exercice et du temps libre pour mes activités personnelles.

Aujourd'hui, je prends conscience que je n'ai qu'un sursis quotidien. Je ne sais pas si je serai ici demain, encore moins l'année prochaine ou dans dix ans. Je vois la folie de mener ma vie aujourd'hui en fonction de ce qui pourrait arriver dans un avenir incertain que je ne maîtrise pas. Maintenant, quand je me réveille le matin, je respire, je me détends, je souris et je me dis : « Je suis toujours en vie ! ». Je suis reconnaissant pour cette nouvelle journée. Je dresse un plan d'action juste pour les vingt-quatre heures à venir, et je le respecte de mon mieux.

Je crois que ma Puissance supérieure me garde en vie aujourd'hui pour une bonne raison.

43

Se lier d'amitié avec le temps

Nous réservons plus de temps que ce que nous pensons nécessaire pour une tâche ou un déplacement, laissant ainsi une marge pour les imprévus.

Depuis mon plus jeune âge, j'avais l'habitude de me dépêcher et d'être en retard. Chaque fois que j'étais en retard, la panique et la culpabilité créaient un raz-de-marée mental et physique.

Je voulais désespérément être à l'heure et je déterminais le meilleur moment pour partir, puis j'ajoutais du temps supplémentaire. Mais au moment de partir, je découvrais « juste une dernière chose » que je me sentais obligé de faire. Je pensais pouvoir duper les horaires, le temps de correspondance, la circulation et le temps lui-même. C'était épuisant.

Chez les W.A., j'ai pris conscience de l'extrême nocivité de l'adrénaline. Le corps l'enregistre. Maintenant, si je m'entends dire « Je vais juste… », souvent je me ressaisis et je me demande : « Dois-je vraiment le faire maintenant ? » ou « Ai-je assez de temps pour le faire en étant calme et entièrement présent ? » Si la réponse est non, j'apprends à reporter cette tâche.

Pour éviter l'excès d'adrénaline, je planifie une période-tampon et j'effectue les tâches paisiblement.

44

Se nourrir

À présent, je me ressource différemment.

Le principe du ressourcement me guide chaque jour. Je manifeste de la compassion pour mon corps dans toute sa complexité. Je respire dans la vie et l'amour. Je ressens, j'exprime, j'explore et j'abandonne ensuite la douleur et la colère. Je nourris mon corps d'aliments sains, d'air frais, de temps passé dans la nature et de rires fréquents.

Aujourd'hui, je me donne de tout cœur l'amour que je désirais si désespérément, mais qui m'était refusé. Je crois que le ressourcement me viendra aussi de l'amour de ma Puissance supérieure et de membres en rétablissement, et que l'amour me guérira.

Aujourd'hui, je me nourrirai physiquement, émotionnellement et spirituellement avec grâce et légèreté. Je prendrai le temps d'être immobile. Dans cet état de calme, j'écouterai mon corps murmurer ses besoins. J'en prendrai soin doucement, comme une mère prend soin de son bébé, avec amour, compassion et douceur.

M'écouter et m'aimer, c'est me nourrir et me donner la vie.

45

Se rétablir de la dépendance à l'activité

Nous pouvons aussi être compulsif dans les loisirs, le sport, les tâches ménagères, le bénévolat ou en essayant de sauver le monde.

Mon bas-fond du travail compulsif s'est manifesté quand, ayant limité mon travail rémunéré à quarante heures par semaine, je consacrais des heures interminables au rétablissement. En raison de cette vie surchargée, je devenais plus tendu et détaché de mes sentiments. J'ajoutais un groupe de méditation ou une réunion ou un concert pour essayer d'apporter à ma vie plus de paix ou de plaisir ou quoi que ce soit dont j'avais besoin.

Ce dont j'avais besoin par-dessus tout, c'était de l'espace pour intégrer le processus, me reposer et simplement être.

Pour les travailleurs compulsifs, abandonner ce qui semble de « bonnes » activités peut être douloureux. Au début, la culpabilité ou un profond chagrin peuvent surgir quand je m'empêche de faire ce qui m'est cher.

Cependant, la joie survient lorsque j'expérimente la richesse d'une vie aérée. Je suis capable d'être pleinement présent et vivant dans mes activités récréatives. Je trouve la vraie guérison en travaillant mon programme. J'éprouve le pouvoir de la grâce qui se manifeste dans le service que je fais.

Je fais de la place dans ma vie pour expérimenter la présence de ma Puissance supérieure.

46

De la pénurie à l'abondance

La peur de manquer de temps, d'argent ou d'amour disparaîtra.

Avant le rétablissement chez les W.A., je vivais dans un univers de pénurie inventé par mon propre esprit. J'étais convaincu qu'il ne pourrait jamais y avoir assez de temps, d'argent, de ressources, d'énergie, d'encouragement, d'amour ou d'approbation pour atteindre mes objectifs. Ainsi, pour soutirer d'un monde hostile le bonheur et la satisfaction, je devais trouver ce dont j'avais besoin par des efforts impressionnants et par ma volonté. Le cycle de stress et de dépendance à l'adrénaline qui en a résulté m'a amené à toucher le fond.

Travailler les Étapes de W.A. m'a lentement permis de croire que suivre le plan équilibré de Dieu me fournirait ce dont j'ai besoin. J'ai remarqué à quel point les choses se passent bien lorsque j'arrête d'employer la force pour compenser ma perception du manque de temps, d'argent et d'amour. Tout ce dont j'ai besoin pour vivre paisiblement dans le rétablissement m'est apporté par la prière.

Aujourd'hui, je vais entraîner mon muscle de la foi pour croire en l'abondance.

47

Prendre soin de soi

Je m'aime, quoi qu'il arrive.

Me pousser à l'épuisement est le contraire de prendre soin de soi. Il en va de même lorsque je me punis pour ne pas avoir répondu à mes attentes démesurées ou pour avoir commis une erreur. Je ne veux plus abuser de moi ainsi.

W.A. m'a appris à m'aimer, à me respecter, à me valoriser et à me ressourcer. L'apprentissage a été difficile, mais j'ai repris contact avec mes sensations. Quand je me sens fatigué, au lieu de me réprimander sur ma « faiblesse », je me repose. Quand j'ai soif, au lieu de « continuer à marcher », je m'arrête pour boire. Quand je suis déconcerté, au lieu de tourner en rond, j'appelle un ami de W.A. J'apprends à répondre à mes besoins.

Les vieilles habitudes reviennent parfois, mais prendre soin de moi devient progressivement plus habituel que me négliger. Quand je démontre plus de gentillesse envers moi-même, je démontre aussi plus d'amour envers les autres. Je me sens plus heureux et mon estime personnelle s'épanouit.

48

La Deuxième Étape

Nous en sommes venus à croire qu'une Puissance supérieure à nous-mêmes pouvait nous rendre la raison.

Je trouve beaucoup de réconfort et de soulagement à me rappeler cette Étape. Je dois me rappeler plusieurs fois par jour que cette Puissance existe - une Puissance infinie qui peut guérir mon âme de toutes ses blessures, grandes et petites. Pour moi, c'est une Puissance d'une force et d'une tendresse infinies, assez puissante pour déplacer des montagnes, assez douce et généreuse pour soulager mes blessures d'enfant. Avoir confiance en cette Puissance me redonne l'espoir, l'humour et la tranquillité.

Je trouve refuge en ma Puissance supérieure. C'est mon jardin, mon sanctuaire, mon chez-moi.

49

Le plaisir : une priorité spirituelle

Nous nous permettons de savourer le moment présent.

On m'a appris en grandissant que la vie est dure et remplie de souffrance. « Donne-toi à fond. » « Fais tout ce que tu peux, du mieux que tu peux. » Je me suis donc démené, et j'ai mesuré mon succès d'après le nombre de mes réalisations, ma capacité d'impressionner les autres et jusqu'où j'étais arrivé.

Chez les W.A., j'ai appris que je ne pourrais jamais obtenir assez de points sur ma "fiche de pointage" pour m'autoriser à me reposer. J'en suis venu à comprendre que le but ultime est de m'arrêter pour sentir les roses. Si je passe à côté de la joie, quelle est alors l'importance de tout ce que je fais ?

Cultiver le plaisir est une pratique spirituelle et un mode de vie qui privilégie le bonheur et la joie, et qui me soutient tout en me nourrissant. Chez les W.A., j'apprends la valeur de chaque instant vécu pleinement, lentement et aisément.

Chez les W.A., le chemin est plus important que la destination.

50

Le service

Le service aux autres m'a aidé à retourner chez les W.A., encore et encore.

J'ai passé une grande partie de ma vie à convoiter les éloges, l'argent et le pouvoir afin de me sentir assez bon, puissant, voire exceptionnel. J'essayais d'obtenir tout cela des autres. Au fond, je cherchais mon identité, mon être.

Aujourd'hui, j'oriente mes pensées vers ma Puissance supérieure et je m'entraîne à voir à travers ses yeux. Je n'axe plus mon programme quotidien sur ce que je peux obtenir ni sur la façon de l'obtenir, mais sur la façon dont je peux *être* et *servir*. Je me demande quels cadeaux je peux offrir aujourd'hui. Un sourire, des mots gentils ou mon entière attention à un projet qui en vaut la peine : tout ce que je fais peut être un acte de service.

En me concentrant sur ce que je peux donner, mon but est de servir Dieu. Je trouve la paix, le contentement et l'épanouissement. Ma vie dépasse mes rêves.

Aujourd'hui, la question n'est plus « Que puis-je obtenir ? » mais « Que pourrais-je donner ? »

51

La Quatrième Étape

En nommant nos attitudes et en écrivant nos schémas de comportement, utiles ou inutiles, nous commençons à mieux nous comprendre nous-mêmes.

Les questions dans le *Livre de Rétablissement* des W.A. m'ont fourni un excellent point de départ dans le processus de recherche et de confrontation des faits, pour la Quatrième Étape. Mon parrain m'a donné ses impressions et m'a remis les pieds sur terre. Quelles découvertes ! Pourtant, aucune d'elle n'est menaçante !

Le processus d'écriture et d'identification a clarifié et distillé mon histoire confuse de travailleur compulsif. Comme un visage émergeant d'un bloc de bois sous le couteau du sculpteur, une image tridimensionnelle de moi-même est apparue – non le personnage chaotique de dessin animé pour qui je me prenais. Cette personne avait de réels talents et de réelles faiblesses.

Pour la première fois, je pouvais voir les forces physiques et psychologiques qui avaient agi sur moi au cours de la vie. J'ai vu où j'avais nagé contre le courant et où je l'avais suivi. J'ai vu comment j'avais influencé ce courant et mes compagnons pour le mieux et pour le pire.

J'ai le courage d'examiner le mode de pensée qui a motivé mes actions.

52

L'impuissance

Le rétablissement du workaholisme n'est pas une guérison mais un processus qui dure toute la vie.

Je pourrais venir chez les W.A. à la recherche d'un simple remède, en pensant que je peux aller à quelques réunions, travailler certaines Étapes, trouver un équilibre qui convient à ma vie et me débarrasser de ma dépendance au travail.

Au lieu de cela, je trouve que le rétablissement de la dépendance au travail et à l'activité requiert une conscience constante et une attention bienveillante. Même lorsque je parviens à un équilibre qui me procure la sérénité pour un certain temps, très vite la vie vient perturber ma stabilité et me ramène une fois de plus à la réalité de mon impuissance.

Encore et encore, je dois faire mon inventaire, remettre ma vie à ma Puissance supérieure et demander humblement Son aide et l'aide des autres. Au fil du temps, en travaillant mon programme, mon besoin de « toujours bien faire les choses » diminue.

En allégeant la pression du perfectionnisme, je reçois la bénédiction d'une croissance et d'une vitalité continues.

J'accueille le miracle d'un rétablissement imparfait.

Annexes

Les douze Étapes des Workaholiques Anonymes

1. Nous avons admis que nous étions impuissants devant le travail, que nous avions perdu la maîtrise de notre vie.

2. Nous en sommes venus à croire qu'une Puissance supérieure à nous-mêmes pouvait nous rendre la raison.

3. Nous avons décidé de confier notre volonté et nos vies au soin de Dieu tel que nous Le concevions.

4. Nous avons procédé sans crainte à un inventaire moral, approfondi de nous-mêmes.

5. Nous avons avoué à Dieu, à nous-mêmes et à un autre être humain la nature exacte de nos torts.

6. Nous avons pleinement consenti à ce que Dieu élimine tous ces défauts de caractère.

7. Nous Lui avons humblement demandé de faire disparaître nos défauts.

8. Nous avons dressé une liste de toutes les personnes que nous avions lésées et nous avons consenti à réparer nos torts envers chacune d'elles.

9. Nous avons réparé nos torts directement envers ces personnes, partout où c'était possible, sauf lorsqu'en ce faisant, nous pouvions leur nuire ou de nuire à d'autres.

10. Nous avons poursuivi notre inventaire personnel et promptement admis nos torts dès que nous nous en sommes aperçus.

11. Nous avons cherché par la prière et la méditation à améliorer notre contact conscient avec Dieu, tel que nous Le concevions, Lui demandant seulement de connaître Sa volonté à notre égard et de nous donner la force de l'exécuter.

12. Ayant connu un réveil spirituel comme résultat de ces Étapes, nous avons alors essayé de transmettre ce message à d'autres travailleurs compulsifs et de mettre en pratique ces principes dans tous les domaines de notre vie.

Les douze traditions des Workaholiques Anonymes

1. Notre bien-être commun devrait venir en premier lieu, le rétablissement personnel dépend de l'unité des W.A.

2. Pour le bénéfice de notre groupe, il n'existe qu'une seule autorité ultime : un Dieu d'amour tel qu'il peut se manifester dans la conscience de notre groupe. Nos chefs ne sont que des serviteurs de confiance, ils ne gouvernent pas.

3. La seule condition requise pour l'adhésion à W.A. est le désir d'arrêter de travailler compulsivement.

4. Chaque groupe devrait être autonome sauf sur les points qui touchent d'autres groupes ou W.A. dans son ensemble.

5. Chaque groupe n'a qu'un but primordial, transmettre son message au travailleur compulsif qui souffre encore.

6. Un groupe W.A. ne doit jamais endosser, financer ou prêter le nom de W.A. à des groupements connexes ou des organisations étrangères, de peur que des soucis d'argent, de propriété ou de prestige ne nous distraient de notre but premier.

7. Chaque groupe W.A. devrait subvenir entièrement à ses besoins et refuser les contributions de l'extérieur.

8. W.A. devrait toujours demeurer non professionnel, mais nos centres de service peuvent engager des employés qualifiés.

9. W.A. comme tel, ne devrait jamais être organisé, néanmoins nous pouvons constituer des conseils ou des comités de service directement responsables envers ceux qu'ils servent.

10. W.A. n'exprime aucune opinion sur des sujets étrangers, par conséquent le nom des W.A. ne doit jamais être mêlé à des controverses publiques.

11. La politique de nos relations publiques est basée sur l'attrait plutôt que sur la réclame, nous devons toujours garder l'anonymat personnel au niveau de la presse, de la radio et du cinéma.

12. L'anonymat est la base spirituelle de toutes nos traditions et nous rappelle toujours de placer les principes au-dessus des personnalités.

Index des titres

<u>Titre</u> .... <u>Numéro de la méditation</u>

Affirmations pour les travailleurs compulsifs........ 24

Agir aisément 40

Apprendre à jouer... 37

Bien fait 21

Briser les illusions 11

De la pénurie à l'abondance 46

Exercer ma foi 27

L'acceptation avec amour... 15

L'acceptation 36

L'anonymat 19

L'impuissance 52

L'intégrité 28

La concentration 22

La Deuxième Étape 48

La douce voix de Dieu... 1

La Douzième Étape 33

La franchise 10

La méditation 23

La Onzième Étape 7

La patience 31

La précipitation 16

La Quatrième Étape 51

La relaxation 30

La Troisième Étape 3

Lâcher prise et s'en remettre à Dieu 12

Le courage de dire non 41

Le plaisir : une priorité spirituelle 49

Le plan d'action 35

Le progrès 29

Le service 9, 50

Le soleil levant 20

Le temps 25

L'ego ou la sérénité ? 2

Les appels dans le programme 13

Les dessous de la sérénité 17

Parler lentement 38

Passer du bon temps 39

Prendre soin de soi	47
Raison et déraison	6
S'arrêter	32
Se comparer	34
Se la couler douce	18
Se lier d'amitié avec le temps	43
Se nourrir	44
Se rétablir de la dépendance à l'activité	45
Trouver le bon rythme	4
Un inventaire sans crainte	26
Un jour à la fois	42
Une drôle d'affirmation	8
Une relation avec Dieu et avec moi-même	5
Vivre comme un chat	14

Sujet	Numéro de la méditation
Abondance	46
Acceptation	15, 36
Admettre	6, 10
Adrénaline	2
Affirmations	8, 24
Agir aisément	40
Amusement	37, 39
Anonymat	19
Appels	13
Arrêter	32
Bonne volonté	26
Comparaison	34
Concentration	22, 29
Contact	9
Courage	41
Décision	3
Détente	21, 30
Deuxième Étape	48
Dire non	2, 41

Douzième Étape	9, 33
Efficacité	28
Ego	2
Équilibre	14, 18, 20, 24, 41
Espace	16, 45
Fluidité	18
Foi	27, 46
Gentillesse	16, 29
Gratitude	6, 17
Honnêteté	6
Illusions	11
Impuissance	52
Intégrité	28
Jeu	37, 39
Joie	24, 30
Lâcher prise	14
Méditation	5, 23
Onzième Étape	7, 22, 23
Ouverture d'esprit	10
Patience	31

Plaisir	39, 49
Plan d'action	35
Planifier léger	9, 43
Précipitation	16
Première Étape	52
Prioriser	7, 35, 49
Progrès	29
Puissance supérieure	4, 5, 7, 9, 11, 12, 17, 22, 23, 24, 27, 28, 34, 35, 40, 45, 48
Quatrième Étape	26, 51
Raison	2, 6, 25, 32, 48
Ralentir	18, 31, 38
Renouvellement	3, 20, 27
Repos	4
Ressourcement	34, 44, 47
Rétablissement	9, 21, 29, 33, 45, 52
Rythme	4
Sérénité	2, 17, 25, 29, 33
Service	9, 50
Silence	1

Sobriété	15, 19
Soins de soi	47
Sursis quotidien	42
Temps	8, 25, 43
Tendre la main	9, 13
Troisième Étape	3
Un jour à la fois	42
Volonté personnelle	20

Vos commentaires et suggestions sont bienvenues, aussi bien pour la révision de ce livre que pour les publications futures :

Workaholics Anonymous World Service Organization
P.O. Box 289
Menlo Park, California 94026-0289
USA

Téléphone : (510) 273-9253
Courriel : wso@workaholics-anonmous.org
Site Web : www.workaholics-anonymous.org

www.ingramcontent.com/pod-product-compliance
Lightning Source LLC
Chambersburg PA
CBHW071856070526
44583CB00016B/1708